COMPLEX

どう向き合う？

そして、どう生かす？

10の捉え方・自分の生き方

まえがき

読者の皆様、初めまして。『Complex』のプロデュースを担当致しました、若林佑真と申します。この度は、数ある本の中から『Complex』を手に取っていただき、ありがとうございます。

この本は、女性として生まれ、現在は男性として生活しているトランスジェンダー男性『FTM』のコンプレックスに焦点を当てた一冊です。

「女性として生まれ、現在は男性として生活しているトランスジェンダー男性『FTM』」と言っておりますが、僕が学生の頃（10年ぐらい前）は、「性同一性障害」と呼称されていました。しかし今では、「性別違和」「トランスジェンダー男性」、Female To Male（女性から男性へ）という意味合いから「FTM」と、様々な言い方がされています。

それは、時の流れやその人の生き方によって変わってくるものだと思いますので、その時、その人にあった呼称があると思いますが、本書では、今の自分たちに合った呼称として「FTM」と表記させていただいております。

僕自身FTMなのですが、学生時代は自分のセクシュアリティがわからず悩む時期がありました。今でこそ「LGBTQ＋」という言葉が聞かれるようになりましたが、僕が学生の頃は、そのような言葉も聞いたこともなく、当事者の友人もいないので、ただただ一人で悩むしかありませんでした。好きな人ができても、身体からくるコンプレックスから自分に自信が持てず、すごく悲観的になったりと、セクシュアリティにおいてはとても苦しい時期だったと思います。

そんな僕が自分自身を認められるようになったのは、やはりたくさんのLGBTQ＋当事者や、様々な生き方の人に出逢い「多様な生き方がある」ということを知ったことがきっかけでした。

もしも、高校生の時の自分が、「多様な生き方がある」ことや、「同じ境遇の人たちがどうやってコンプレックスと向き合っているのか」を知っていたら、どんな学生時代を送っていたんだろう……？　と考えた時、当時の自分に教えてあげることはもうできないけれど、今学生の方、セクシュアリティや何かのコンプレックスに悩んでいる方に届けることはできる！　と思ったことから、no.////（ナンバーフォー）のメンバーと共にこの本を制作しました。

本書は、LGBTQ＋の中でもトランスジェンダー『ＦＴＭ』に焦点を当て、当事者10名の方に出演いただきました。

同じＦＴＭでも「十人十色」の生き方を感じていただき、少しでも自分自身のコンプレックスと向き合うきっかけになってくれれば、メンバー・出演者一同、この上ない幸せです。

CONTENTS

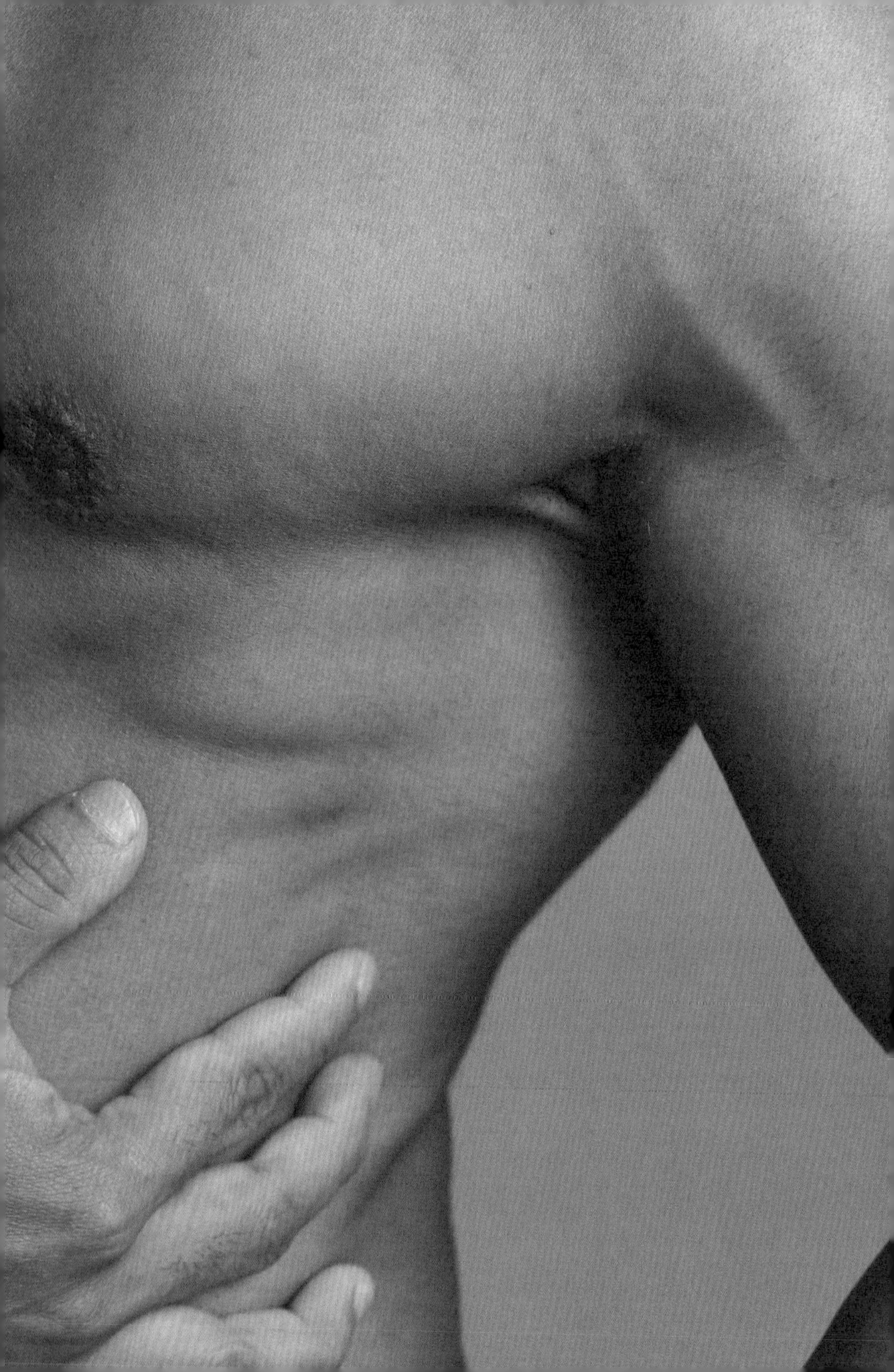

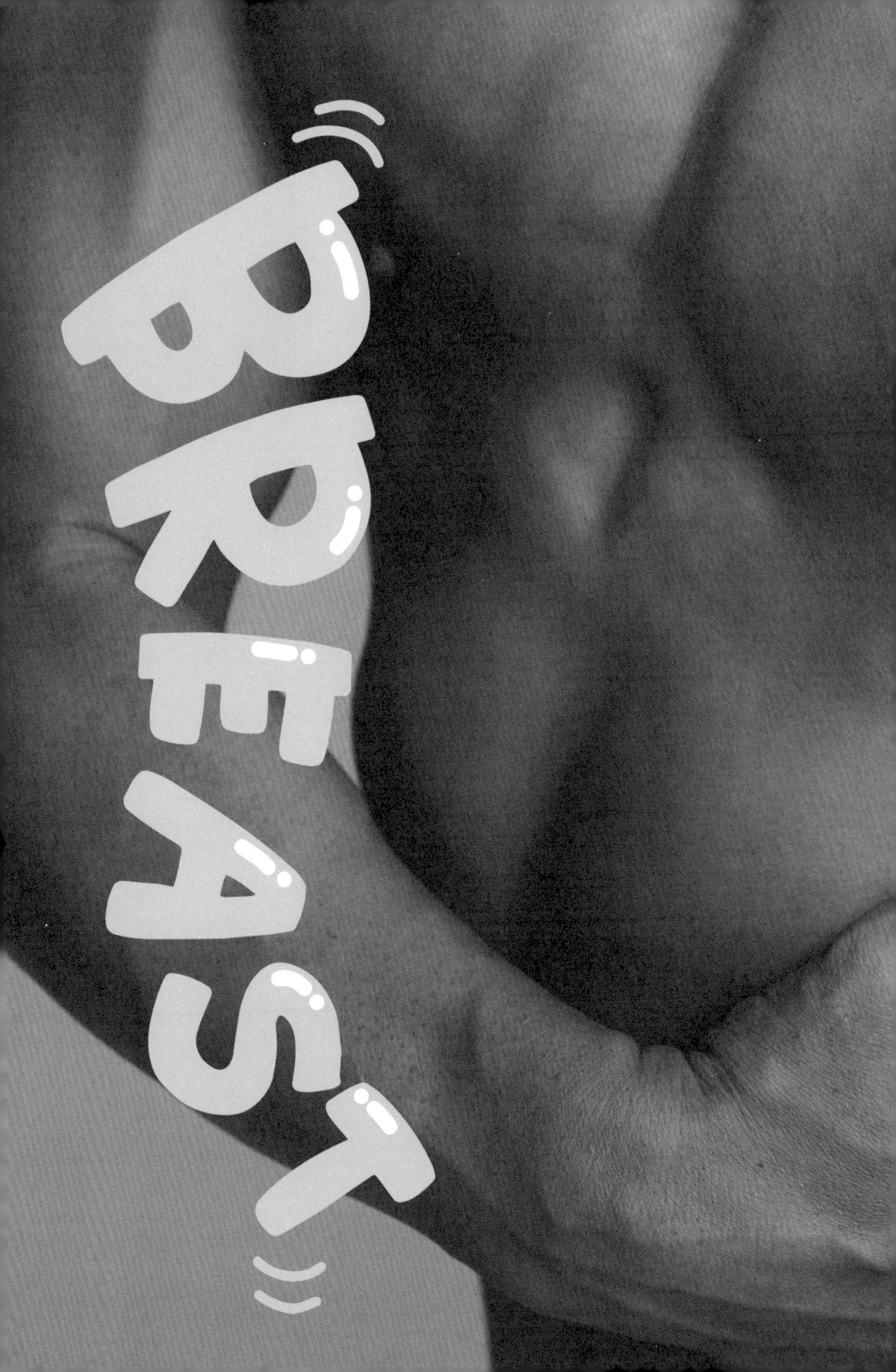
BREAST

COMPLEX《コンプレックス》
01

YOSHIYUKI

年齢 : 34 歳
職業 : 衣装デザイン会社員 , GOGO BOY
出身地 : 埼玉県
身長／体重 : 152cm ／ 56kg
趣味 : ウエイトトレーニング
憧れる人 : 両親

Q1.
トランスジェンダーであることを自覚した時
（性別違和を感じはじめた時）のエピソードを教えて。

幼稚園に入った頃には身体は女性と自覚していながらも、
周囲の人から女の子として扱われることを異常に嫌がっていたのを覚えています。
男女に分けられる中、
自分は周りの人たちとなにかが違う、
この気持ちを誰にも相談することもできず、
自分の性別にすごく嫌悪感や怒りを感じていました。

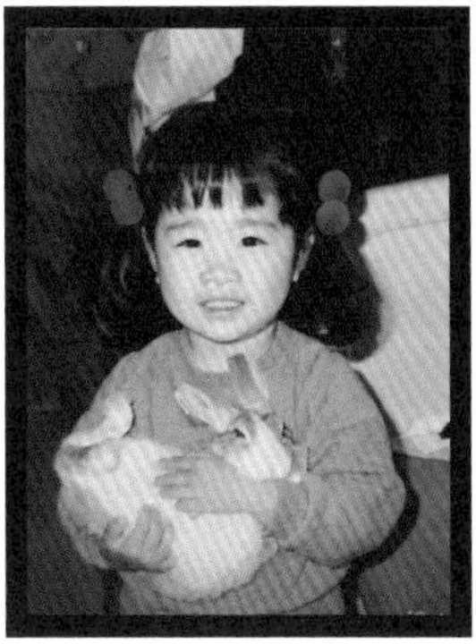

—幼少期

Q2.
男性ホルモン投与、
手術はしていますか？

18歳　ホルモン投与開始
20歳　乳房切除
25歳　子宮卵巣摘出
（性別適合手術）

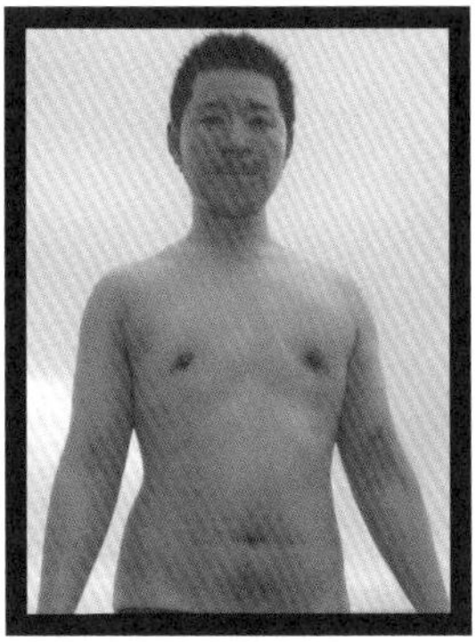

—ホルモン投与直後

Q3.
自分の性的指向を自覚した時
のエピソードを教えて。

性的対象は基本的に女性なのですが、今はゲイ男性とお付き合いしています。
以前は自分が男性と恋愛をするなんてありえないことだと思っていたので、
最初は男性と恋愛している自分を受け入れることに苦労しましたが、
「男性だから好き」ではなく人としての魅力に惹かれて好きになったのだと思います。

Q4.
身体的なコンプレックスはどこですか？

太い太腿と胸です。
元々普通体型ではありましたが、太ももは特に脂肪が
多く女性的に見えると思っていました。
胸は、手術後の傷や左右のいびつさが気になるのと、
乳腺を摘出したせいか
胸筋が付きづらいということが悩みです。

Q5.
それがコンプレックスに
なった理由、
きっかけは？

鏡や写真に映った自分の姿が、下半身ばかりデカくて女性的な
ラインに見えたため太い太腿はコンプレックスになりました。
胸は手術して平らにすることはできたものの、
乳首は片方が無くなり、胸のあたりが不自然にえぐれて
いたりと理想の胸とは少し違うと感じてました。

Q6.
コンプレックスを乗り越えるために
どんなことをしてきましたか？

成人後に男性として生きていると、
太い太ももは逆に周囲の男性から羨ましがられることが多かったです。
太ももの筋肉はすごくつきやすかったみたいで、
男性的な太ももを目指して筋トレしていたら、すぐに縦に筋肉の筋が入って、
ゴツさがあり脂肪の少ない理想的な形に近づいた気がしました。

Q7.
現在はコンプレックスをどのように捉えていますか？

いびつな乳首は修正の手術があるので、お金と時間さえあればいつでも修正できるのですが、
僕はこのままでもいいかなって思ってます。
手術も絶対成功するわけでもないし、筋トレの効果で胸のえぐれも少しずつ目立たなくなって
きている気もするし、大きな悩みではないので今のところ手術する気はないです。

サービス価格メニュー
テキサスカルビ
180g
¥950
180g
¥1,300

Q8.
カミングアウトに関するエピソードは何かありますか？

両親へのカミングアウトが一番印象に残ってます。
最初は喧嘩になったりして理解してもらえませんでした。
両親は僕が幼少期から性別違和を抱いていたことに薄々気づいていながらも、
ずっと認めたくなかったようで、僕から事実を突きつけられて辛かったようです。
その後の両親との関係は時間が解決してくれましたが、
本当は両親も理解してくれようと本気で頑張ってくれていたように思います。

Q9.
今まで交際してきた中で、自分がFTMであることを相手はどのように受け止めていましたか？また、交際している間、FTMだから気を使ったことは何ですか？

今交際している人は、僕と初めて出会った時からFTMであることを
他の人にはない魅力だと思ってくれていたようです。
「僕自身にとっては、FTMであることはただの障害でしかない」と伝えたら、「努力してここまで男性になった姿、これまで障害を乗り越えて生きてきたあなたの人生は多くの人に感動や勇気を与えることができるし、とても素晴らしいことだよ」と話してくれました。

Q10.
本書を通して届けていきたいメッセージ
―コンプレックスとは？

手術や努力で解決することは満足できるところまでやってください。
リスクと喜びを天秤にかけた時に迷いがなければやるべきです。
でも、場合によっては努力ではどうしようもないこともあるでしょう。
その場合は、事実をしっかりと受け止めて、現状の自分で勝負して生きていくしかないです。
僕もそう思えるようになるまで時間がかかりましたし、
今でも辛いことはありますが平気と思えるようになりました。
もしあなたがFTMなら、堂々と自分らしく男性として生きてほしいです。

Nipples

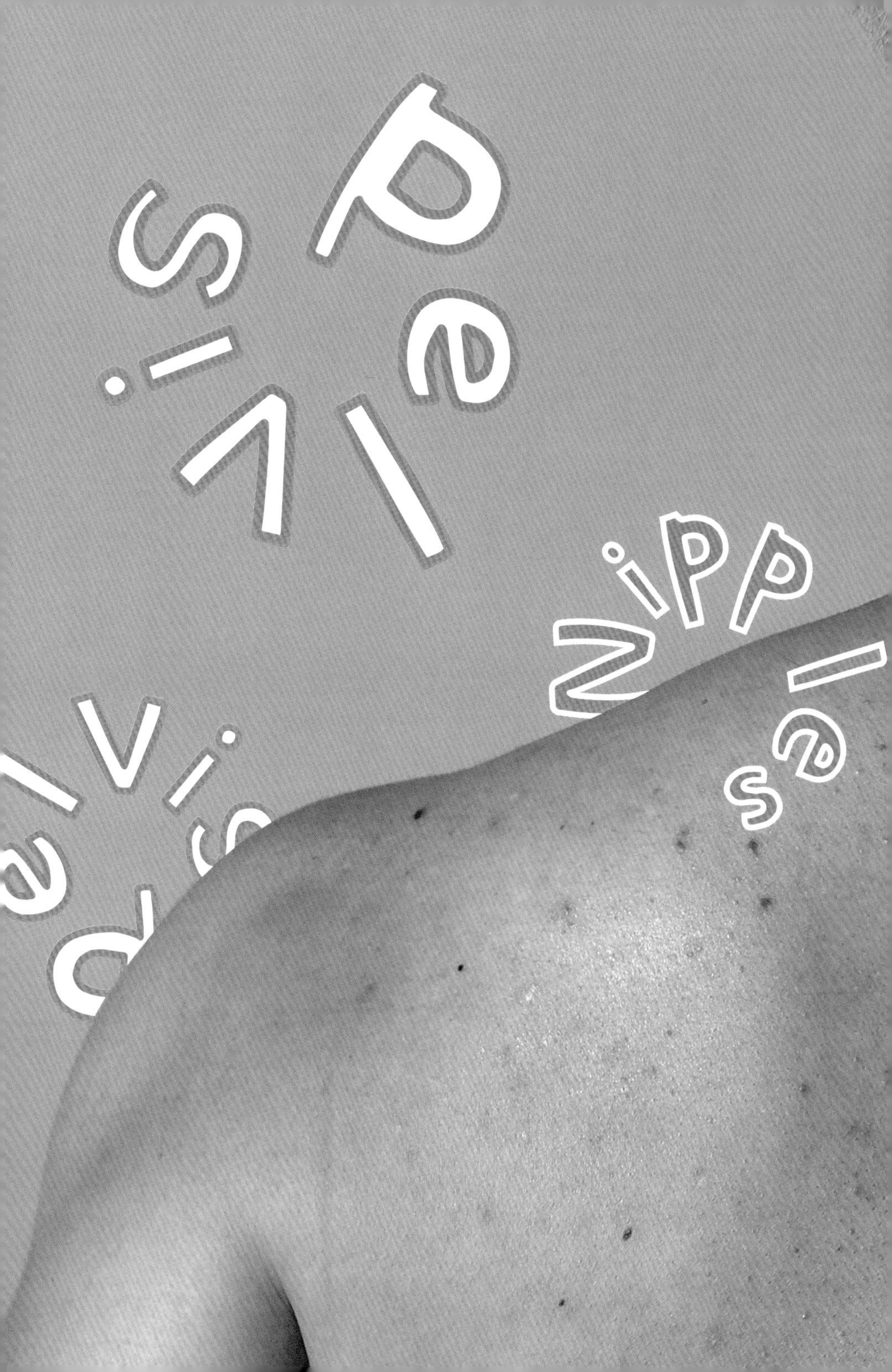
Pelvis
Nipples

COMPLEX《コンプレックス》 02

SHOICHI

年齢 : 31 歳
職業 : 美容サロン経営 , LGBT アクティビスト
出身地 : 三重県
身長／体重 : 160cm ／ 58kg
趣味 : ダンス , 歌
憧れる人 : 人生キラキラしてる人

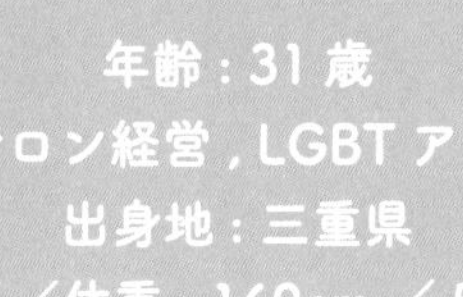

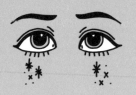

Q1.
トランスジェンダーであることを自覚した時（性別違和を感じはじめた時）のエピソードを教えて。

幼少期は、性別のことは気にもしてなかったです。だけど、ハッキリ違和感を感じたのは七五三の時。
「なんで自分は男の子やのに、
スカート履いてピンク色の物を身につけてるんやろ？」と疑問に思っていました。
母が「女の子はピンク」と言っていたので、余計に自分が女の子の色を身につけていることに違和感を感じ、女の子の枠に入れられることも不自然な感覚でいました。

―幼少期

Q2.
男性ホルモン投与、手術はしていますか？

18歳　ホルモン投与開始
20歳　乳腺子宮卵巣摘出（性別適合手術）
30歳　乳頭縮小手術

―ホルモン投与前

Q3.
カミングアウトに関するエピソードは何かありますか？

FTMだと自覚してカミングアウトしたのは高校2年生の時。
悪口や陰口を一切言わない同級生の女の子がいて、
その子なら話せると思いました。
正直、緊張しすぎていてどんな状況だったかあまり覚えていません。信用はしてたけど、具体的に覚えていないぐらい当時は不安だったし怖かったんだと思います。
でも、しっかりと僕の話を聞いて深くうなずいて安心させてくれたのだけは覚えています。

Q4.

身体的なコンプレックスはどこですか？

手術した乳首と、女子体型の腰回り。
胸全体は手術で綺麗に仕上がった方だとは思うけど、
乳頭の大きさと右の乳首が少し膨れて下に向いているのがずっと気になっていました。

Q5.

それがコンプレックスになった理由、きっかけは？

乳首も腰回りも、自分が完璧主義な性格面もありちょっとしたことが気になっているだけで、周囲の人からは何も言われたことはありません。
ただ、体型で他人からバレるんじゃないかと一人で勝手に心配になったり不安になったりしていました。
出来る限りシスジェンダー男性の体に近づきたいという、気持ちや憧れから気にしているだけなんだと思います。

Q6.

コンプレックスを乗り越えるためにどんなことをしてきましたか？

乳首は10年間気にしていたので、最近勢いで乳頭縮小手術を受けてコンプレックスをスッキリ解消できました。
腰回りに関しては、週4ほどウエイトトレーニングをして肩幅や胸背中を広く大きく見せることで腰回りが錯覚で狭く見えると分かったので、筋肉をつけて脂肪をつけないことを意識しています。

Q7.

現在はコンプレックスをどのように捉えていますか？

コンプレックスがあるから「自分磨きをしよう！頑張ろう！」って思えるので、
向上心のキッカケとして捉えれるようになりました。
むしろコンプレックスをどんどん見つけていきたいと思えるくらいになったかもしれません!!

Q8.

今まで交際してきた中で、自分がFTMであることを相手はどのように受け止めていましたか？ また、交際している間、FTMだから気を使ったことは何ですか？

告白時も交際中も言われたのは「山ちゃん（僕）が好きなんやよ」と。
付き合う上で自分がFTMであることを気にしてたけど、
自分の性別に対する在り方に一番偏見を持っていたのは自分なのかなと思いました。
自分がFTMだからと思う前に「彼氏として自慢できるような人になりたい」と
20代前半に強く思って以来、あまり気にしなくなりました。

Q9.

今後、どんな人生を歩んでいきたいですか？

自分のやりたいことを後悔なくやっていく、
自分が「おもろい」と思ったことを楽しみながら挑戦していきたいです。
何かに縛られることなく、
自分の選んだ道を自分が自信を持ってやっていく。
せっかくこの世に生まれてきたんだから、たくさんの世界を見たいし、
人と出会っていきたいし、いろんな事を経験したい。
明日死んでも「おもろい人生やった」って言える人生、
「あの人おもろかったよな」って言ってもらえる人生を夢見てます。

Q10.

本書を通して届けていきたいメッセージ ──コンプレックスとは？

最初この本のお話を頂いた時、素晴らしいコンセプトだと思いました。
コンプレックスといえばネガティブに捉えがちだけど、
あえてコンプレックスにフォーカスを当て、それを活かした撮影とメッセージを届ける。
僕はヘアメイクを担当させてもらい、撮影で自分を表現しているモデルさんを見て
ぜひ多くの方にこのメッセージを見てほしいと思いました。
コンプレックスがあるからこそ出来る表現がある。応援よろしくお願いします。

PENIS

PENIS

West

COMPLEX《コンプレックス》
03

Bob

年齢 : 29 歳
職業 : シンガーソングライター兼会社員
出身地 : 栃木県
身長／体重 : 163cm ／ 70kg
趣味 : シャボン玉 , ダンス , 動画撮影
憧れる人 : Stevie Wonder, 両親

Q1.
トランスジェンダーであることを自覚した時
（性別違和を感じはじめた時）のエピソードを教えて。

幼少期（4～6歳頃）から違和感を感じはじめました。
女の子っぽい服装は好まず、お友達とのママゴトなどの遊びも決まって役柄は男役をしていました。
幼稚園の時に描いた自画像は、後々写真で確認したら容姿がまるで男の子でした。

—幼少期

—ホルモン投与前

Q2.
男性ホルモン投与、
手術はしていますか？

22歳　ホルモン投与開始
24歳　乳腺・子宮卵巣摘出
（性別適合手術）

Q3.
カミングアウトに関するエピソードは
何かありますか？

20歳の時、当時片想いしていた人に告白する際にカミングアウトし、それと同時進行で家族にも打ち明けました。親からは「失敗作」と否定的なことを言われるようになったので、家に居辛くなり仕事を理由にして実家を離れました。自分のやるべき事を見据えてから帰省し、
ホルモン投与をはじめたり、タイでの手術の準備を進めていると、家族も徐々に気遣いのある言葉をかけてくれるようになり、やっと聞く耳を持ってくれました。

Q4.
身体的なコンプレックスはどこですか？

股間ですね。

一般的に男性が自分の性器についての話になった時、
モノが大きいとカッコイイみたいな風潮がある事を知って、
自分にはほぼないに等しいので言葉にならない想いになりました。
女性と付き合ったときに体の関係で満足させてあげられないかもしれない、
僕のせいで生活に不便が生じてしまうかもしれない……
などと思ってしまいます。

Q5.
コンプレックスを乗り越えるために
どんなことをしてきましたか？

正直、何もしていません。
そして無理に乗り越えようとも思っていません。
社会生活の中で、
男性として生きれていられるだけでも幸せですから。
写真でも見て分かる通り、胸の傷はさらけ出せるのですが、
それは自分の生きてる証、
頑張った勲章（ハリーポッターのオデコの傷みたいな）だと
思って割り切っています。

Q6.
現在はコンプレックスをどのように捉えていますか？

今も正直言うとやっぱり恥ずかしいです。
でも、世の中にはいろんな人がいます。ただ僕はそのひとりにしかすぎない。
ただジャンルが違うだけ。そうやって受け入れてます。
しかし公共のお風呂ってなると気まずいですけど、
メンタル修行の場だと思って気持ちの処理をしています(笑)。
気まずいだけで死ぬわけではありませんから逆境サンキューです。

Q7.

他にもコンプレックスがあれば、教えてください。

上手く人と話せないこと。小さい頃から発言することが苦手です。

一生懸命伝えようとしても言葉がまとまらなくて伝わらなかったことが多く、小学生の頃から引っ込み事案になってしまい殻に閉じこもっていました。

でも、その気持ちをノートに書き綴っていると詞ができた、歌ができた。自分は曲を作って詞を作って解消していくんだなと思いました。

学校、部活、色々な経験を経てそのコンプレックスとはうまく付き合えてます。

Q8.

今まで交際してきた中で、自分がFTMであることを相手はどのように受け止めていましたか？また、交際している間、FTMだから気を使ったことは何ですか？

学生時代は、やはり世間の目を気にして内緒でお付き合いしてました。

性別適合手術をした後はきちんと交際したことがありません。

すべてが友達以上恋人未満でいいとこ止まりで、それ以上に発展していけていないのが悩みですね。

なので自分で作る曲も、ほとんどが片思いの曲ばかりです（笑）。

Q9.

本書を通して届けていきたいメッセージ——コンプレックスとは？

素敵な笑顔の裏にはいろんな苦難を乗り越えた歴史があるんだなと思います。

この本で改めて自分自身を見つめ直すことができました。

コンプレックスについてここまで掘り下げて考えることがなく、それを写真で表現する貴重な体験ができてとても感謝しております。

読者の皆様も自分自身のコンプレックスを今一度、見つめ直す時間を過ごしてみると新たな発見があるかもしれません。生き方は人それぞれ。もっと自分を愛そう。

Femininity

COMPLEX《コンプレックス》
04

諭　吉

年齢：36歳
職業：タレント
出身地：大阪府
身長／体重：164cm ／ 56kg
趣味：食べること
憧れる人：父

Q1.

トランスジェンダーであることを自覚した時（性別違和を感じはじめた時）のエピソードを教えて。

幼少期から女子側に分けられることに違和感があり、
中学生の頃には自分はおかしな人間だと思って生きていました。
男性と関係を持てば普通になれるのでは、と実際に関係をもってみたものの、
逆に自分の本当のセクシュアリティを自覚することになったと同時に、
自分らしく生きていこうと決意するきっかけにもなりました。
今思うと何てことをしたんだろうって思いますけどね(笑)。

— 幼少期

— ホルモン投与前

Q2.

男性ホルモン投与、手術はしていますか？

20代前半
ホルモン投与開始

Q3.

カミングアウトに関するエピソードは何かありますか？

18歳の頃、おなべバーで働きだし、家にも帰らず学校も行かなくなったことで、学校から母に連絡が入ったんです。
それで、家族会議をするから帰ってこいと言われ、その時に家族へカミングアウトしました。
「今、おなべバーで働いていて自分はそんな人間だ」と説明すると、父が手を叩いて笑って、「なんやそれ!?もうその道で生きていけ！」と言ってくれて、縁を切られると思っていたのに拍子抜けしたのを覚えています。

Q4.

身体的なコンプレックスはどこですか？

言い出したらキリがないくらい、女性的な部分すべて。

「だから手が綺麗なんだぁ」

「だから首が細いんだぁ」

「だからお尻がでかいんだぁ」

など、

いろんな人たちから女性的な部分をピックアップされて、

【だ・か・ら】の呪文をかけられてきたお陰様でしょうか（笑）。

そもそも自分でわかっとるわい!!

Q5.

コンプレックスを乗り越えるために
どんなことをしてきましたか？

身体が隠れるダボダボな服を着たり、髪の毛を短くしたり、筋トレしたり、指ポキポキ鳴らしたり。

いろんなことはしてきましたが、努力しても超えられない壁はきっとあると思うので、

乗り越えるというより愛することを始めました。

「なりたい自分になろう。なられへん場合はしゃあない」

──そんな自分を。

Q6.

女性として生まれてきて、
男性として生きている今、
幸せですか？

色々な迷いや我慢、

その中での悩みを抱えていたその当時の自分を思うと、幸せです。

ひとつずつ、ひとつずつの解消なのかな。

生きたいように生きさせてくれる家族に感謝、そして、

諭吉という人間に携わって下さる皆様に感謝してます。

のみそ汁
ALL 500yen
1,000 yen
1800

Q7.

今まで交際してきた中で、
自分がFTMであることを
相手はどのように受け止めていましたか？
また、交際している間、FTMだから気を使ったことは何ですか？

若かりし頃は彼女と手を繋いで歩いている時、彼女は男性とお付き合いしていると思ってくれてるのに、周囲の人は女の子同士で手を繋いでいるように見て思っているのでは……
男らしく見せなきゃ……ってそんな気ばかり使っていたんです。
だけど、彼女からは「外見の男らしさより、中身の男らしさが大事」と言ってもらえていたし、今振り返ってみれば、彼女に気を使っていたのではなく、ただ自分がそういう風に見られるのが嫌で気ばかり使っていたのだと思います。

Q8.

本書を通して届けていきたいメッセージ
――コンプレックスとは？

性別関係なくコンプレックスは誰しもが持っているものだと思います。
それは身体的にも精神的にも。
それが悩みであった場合、重さや感じ方は人それぞれであって、
全てがクリアになる世界で生きられたらそんな幸せなことはない。
これはマイナスでなくプラスに受け取ってほしい言葉なのですが、
「しゃあないやん」と前向きに開き直ること、
そして、そんな自分を愛してほしいです。
そこから始まることがきっとあると思います。

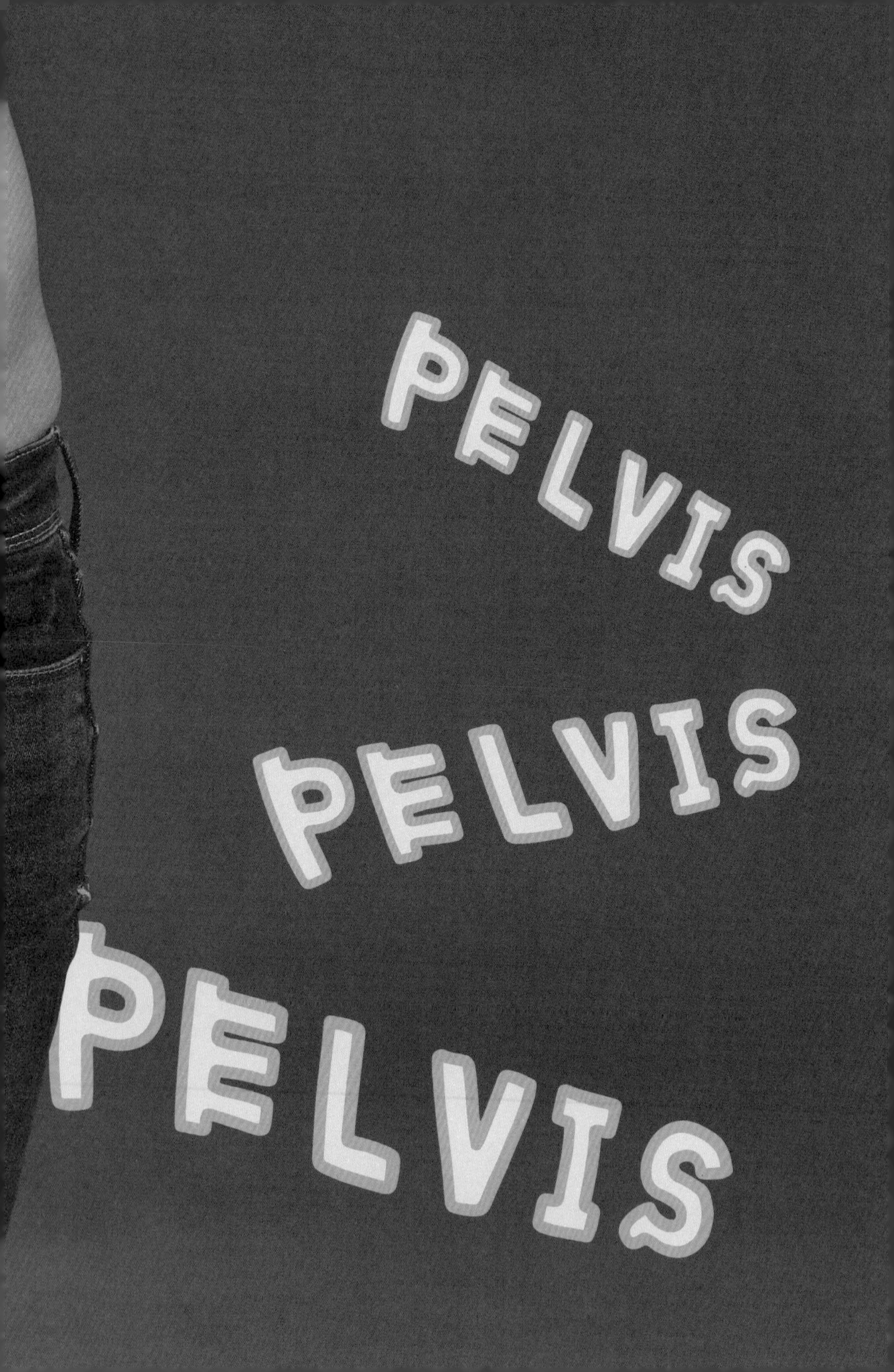
PELVIS
PELVIS
PELVIS

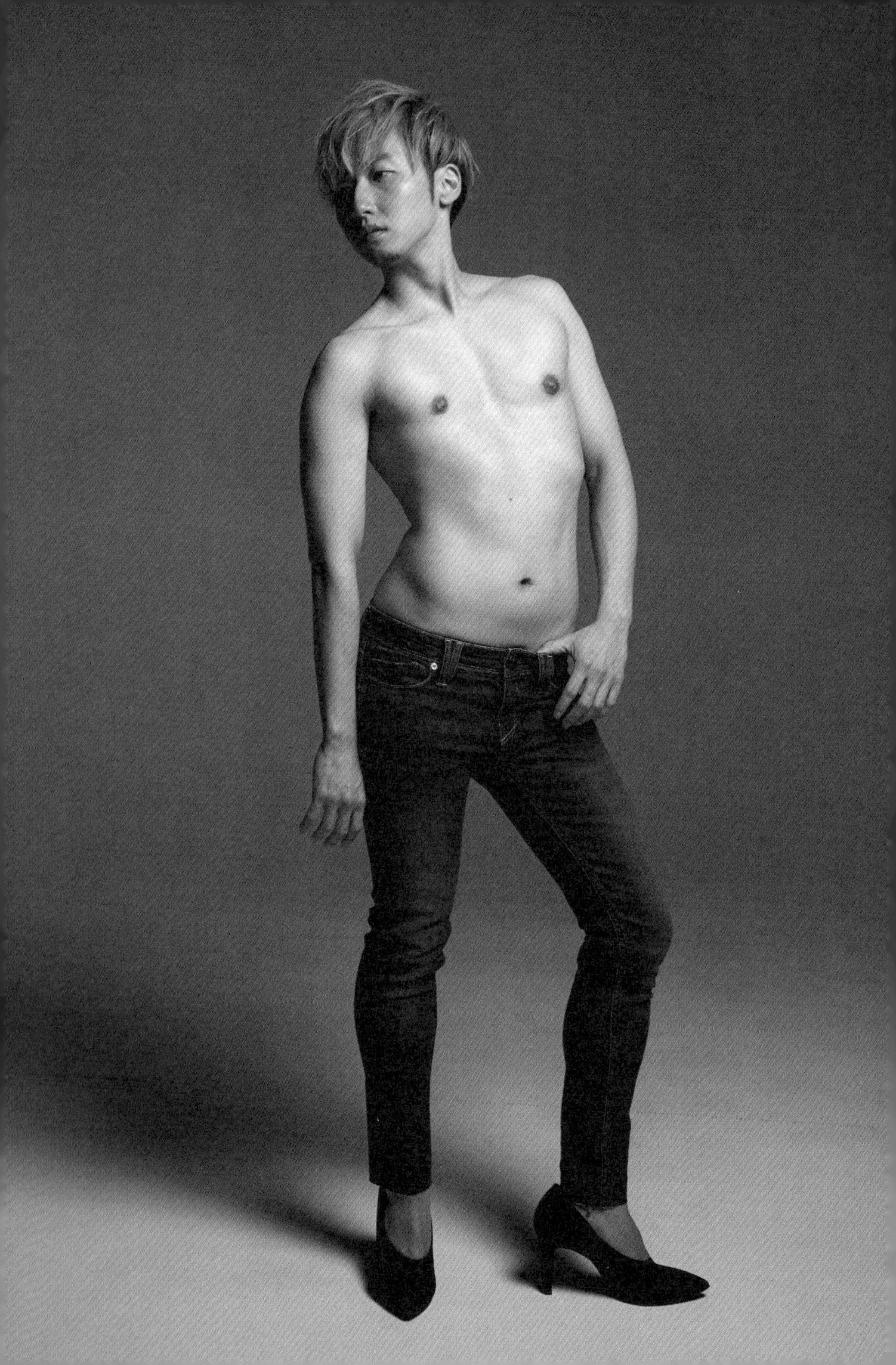

コンプレックス

COMPLEX

05

佑　真

年齢：29歳

職業：FTMタレント，舞台プロデュース

出身地：大阪府

身長／体重：156cm ／ 46kg

趣味：尊敬する人が読んでいる本を聞いて、読むこと

憧れる人：何事においても楽しめる人

Q1.
トランスジェンダーであることを自覚した時（性別違和を感じはじめた時）のエピソードを教えて。

小学校低学年の頃にはうっすら性別違和を感じていて、中学高校に上がるにつれて「自分は何者なんだろう？」という思いが増していきました。
高校３年生の時、学校でセクシュアリティの授業があり、そこでトランスジェンダーの存在を知ったとき、「これだ！」と確信しました。
その時の感覚は、「自分が何者なのかわかった安心感」と、「今後“普通の女性”として生きていくことは出来ない」という諦めの気持ちとが半々でした。

―幼少期

―ホルモン投与前

Q2.
男性ホルモン投与、手術はしていますか？

18歳　精神神経科に通い始める
19歳　性同一性障害の診断書取得
20歳　ホルモン投与開始
25歳　乳腺摘出
26歳　乳頭縮小

Q3.
カミングアウトに関するエピソードは何かありますか？

大学1年生の時、中高時代の親友にカミングアウトすることを決めました。深夜に親友の家に押しかけたものの、カミングアウトすることで親友を失うのでは……と身も心も震えていました。
しかし、「ウチな、ほんまは男やねん」という僕に対し、「どうでもええねんけど」と言ったのです。そして「別にあんたが男でも、あんたはあんたで変わらんねやろ？それなら別にええやん」と。
彼女の一言のおかげで、僕は間違いなく今、生きています。

Q4.
身体的なコンプレックスはどこですか？

やっぱり骨盤が広いことですね。
僕はめちゃくちゃ安産型で、こればっかりは骨格なのでどうにもできず、
とてもコンプレックスです。

Q5.
それがコンプレックスになった理由、きっかけは？

どうしてもシスジェンダー男性と比べてしまうからだと思います。
以前、束縛の激しい彼氏と付き合っている女友達がいたのですが、
なぜか僕と2人で遊ぶことだけは彼から許されていたので理由を聞いたら、
「身体は女の子やかららしい」と言われて、
やっぱり身体が女性だと男と認識してもらえないのか……と
大学生の僕はめちゃくちゃ悲しくなりました。
その名残なのか、今でも見た目が女性的な部分は気にしてしまいます。

Q6.
コンプレックスを乗り越えるためにどんなことをしてきましたか？

今は筋トレをしています。
骨格は変えられない分、肩幅を大きくして逆三角形に見えるように、日々身体に負荷をかけ、
タンパク質を摂取し、なかやまきんに君のYoutubeを観ています（笑）。
おかげさまで、だんだん理想の身体に近づいてきました。
何事も出来ないと諦めてしまう前に、自分のできる範囲でやれることをやろうと思います。
パワァ！（きんにくんの口癖）

Q7.
現在はコンプレックスを どのように捉えていますか？

「コンプレックスは、なんとかなる！」と
今は思っています(思い込んでいるのかも)。
それが、手術で解決することもあれば、筋トレや勉強、お金
など解決策はそれぞれだと思いますが、
僕は『自分が好きな自分』でいられるために、これからも
日々やれることをやっていきたいと思っています。

Q8.

他にもコンプレックスがあれば教えてください。

ひとつのことに没頭していたり、毎日活発に活動している人など、やはり自分にないものを持っている人を見ると、劣等感を感じていました。
でも今は、「その人にはその人のペースがある」と、
今の自分を認めて、
自分のできる範囲でめちゃくちゃ頑張るようにしています。

Q9.

今まで交際してきた中で、自分がFTMであることを相手はどのように受け止めていましたか？ また、交際している間、FTMだから気を使ったことは何ですか？

今考えると、彼女は何も気にしていなかったんだと思います。
なのに僕は、自分がFTMであることに引け目を感じていて自分が普通の男と違うということを無意識にアピールしていた気がします。
交際中、ホルモンバランスの乱れで3年ぶりに生理が戻ってきてしまった時は、ショックで彼女にも言えず、ナプキンも彼女に気づかれないように捨てたり、とにかく生理がきてることがバレないようにコソコソしていて、めちゃくちゃ落ち込みましたね。

Q10.

本書を通して届けていきたいメッセージ ──コンプレックスとは？

僕も以前は、他人と比べては「自分がFTMだから悪いんだ……」
なんて後ろ向きなことをずっと思っていました。
もちろん今でも、FTMだから一生叶うことのない夢もあります。
でも、FTMだからこそ経験できた幸せなこともたくさんありました。
今は希望なんかなくても、大丈夫です。
あなたの生き方は間違っていません。

HEIGHT

HEIGHT
HEIGHT
HEIGHT

COMPLEX《コンプレックス》 06

Chiyuki

年齢 : 30 歳
職業 : 介護職 , Colors Edge の運営
出身地 : 岩手県
身長／体重 : 146cm ／ 45kg
趣味 : 旅行 ,DIY, カラオケ
憧れる人 : 清水翔太

Q1.

トランスジェンダーであることを自覚した時
（性別違和を感じはじめた時）のエピソードを教えて。

5歳くらいから男の子に混ざってサッカーをすることを好んでいたり、好意を持つのも女の子でした。
僕は6人姉弟の3番目で、1番目から5番目までみんな女の子。末っ子の弟が生まれるまでは5人お揃いの服をよく着せられてました。幼いながら、自分はおかしいんだと思っていて、それを悟られないように周りに合わせて好きでもない男の子へバレンタインチョコをあげたりしてましたね（笑）。
歳を重ねるごとに徐々に服装もボーイッシュになっていって、
高校卒業まで制服のスカートはとにかく嫌でした。

──幼少期

Q2.

男性ホルモン投与、
手術はしていますか？

25歳　ホルモン投与開始
28歳　乳腺・子宮卵巣摘出（性別適合手術）
乳頭縮小手術

──ホルモン投与前

Q3.

カミングアウトに関するエピソードは
何かありますか？

今の奥さんとは、地元にいる時から友達というテイで同棲していたのですが、一緒に関東へ上京しました。
当時、同じ職場に5番目の妹が勤めていて、僕らがあまりにもいつも2人でいるので、何かおかしいと母親に連絡したことでバレたって感じでした。交際を僕の両親に反対されていたので、僕より奥さんがずっと辛かったと思います。
当時は妹を恨みましたが、それきっかけでカミングアウト出来たので今では本当に感謝しかないです。

Q4.
身体的なコンプレックスはどこですか？

僕のコンプレックスは低身長な事です。146cmしかないんです（笑）。
僕は服が好きで系統にとらわれず色んなファッションを楽しんだりする事が好きでしたが、
この身長だとまず身丈に合う服のサイズがなかなか見つかりませんでした。
欲しい物でも自身に合うサイズやデザインがなく、
お店では人目を気にして気軽に買い物もできず辛かったです。

Q5.
それがコンプレックスになった理由、きっかけは？

好意を寄せる相手が自分より身長が高いことが多いです。
小さいと頑張っていても可愛らしく見えてしまうみたいで、それが嫌でした。
でも、そんな僕にも奇跡が起こりました！144cmの僕より小柄な女性との出会い。
僕の奥さんです（笑）。

Q6.
コンプレックスを乗り越えるためにどんなことをしてきましたか？

僕は昔から自分で何かを作るのが好きだったのですが、
どうにもならない低身長も、サイズがないなら自分で好きな様に作ってしまえと、
いろいろ試行錯誤しながらTシャツやトレーナーなどに自らプリントし作りはじめました。
そのうち、同じ悩みを抱えた方の力になりたい、サイズに困らずにストレスなくオシャレを楽しんで
欲しいと思うようになり、手刷りで洋服にプリントをする『Colors Edge』をスタートしました！

Q7.
現在はコンプレックスをどのように捉えていますか？

今でも身長が伸びるものなら欲しいです(笑)。
ただ、悩んでいる時間がもったいない！と好きな服の事を考えて楽しく過ごせるようになりました。
「そのままでいい」というパートナーの存在と言葉からもすごく勇気をもらいました。
「小さくてもオシャレは楽しめる」をモットーにこの身長だから僕らしいし、そこから僕にしかできない
ことにも気づいて行動することができたので、今はこの身長で良かったと思えます。

Q8.

他にもコンプレックスがあれば教えてください。

身長だけでなく、肩幅が狭くて身体が小さいので筋トレを頑張っています。

あと手が小さい事です。

仕事中よく患者さんに「綺麗な手をしてるね。女性の手みたいだね」と言われます。

身体が小さいので仕方ないのですが、

この手のサイズでよくソフトボールの球を握れたなと今では笑えますね(笑)。

Q9.

今まで交際してきた中で、
自分がFTMであることを
相手はどのように受け止めていましたか？
また、交際している間、FTMだから気を使ったことは何ですか？

一昨年に8年近く付き合った彼女と結婚し、夫婦になりました。

彼女はFTMとか関係なく、1人の人間として初めから僕を見てくれていました。

ホルモン投与前、僕は自分に自信がなくて、身長もすごく小さい僕と一緒に居る事で彼女も周囲から変な目で見られているのではと思うと辛くて、

彼女と少し距離を置いて歩いたり、わざと手を繋がない様にしたりしていました。

Q10.

本書を通して届けていきたいメッセージ
──コンプレックスとは？

身体の大きさなんて関係なく、ありのままの僕を「大丈夫だよ」と受け入れてくれたパートナーの存在は僕の中でとても大切で大きいです。

誰しも必ずひとつはあるであろうコンプレックス。

時間はかかるけど、受け入れることができた時、きっと何か今より成長できて変われると僕は思います。

本書を通して、歩んできた人生を改めて振り返るきっかけにもなり、素敵な経験をさせていただきました。本当にありがとうございました！

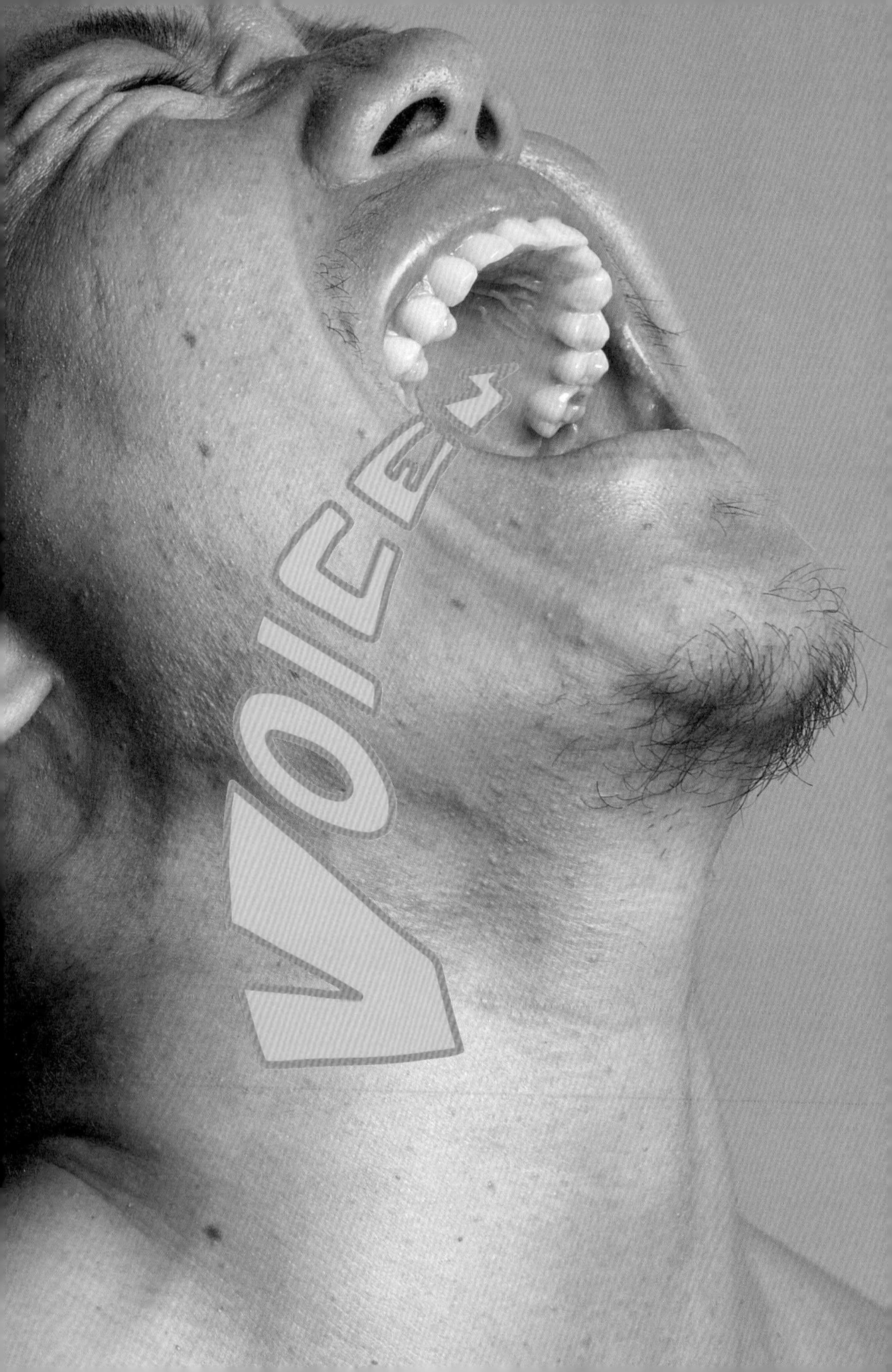
voice

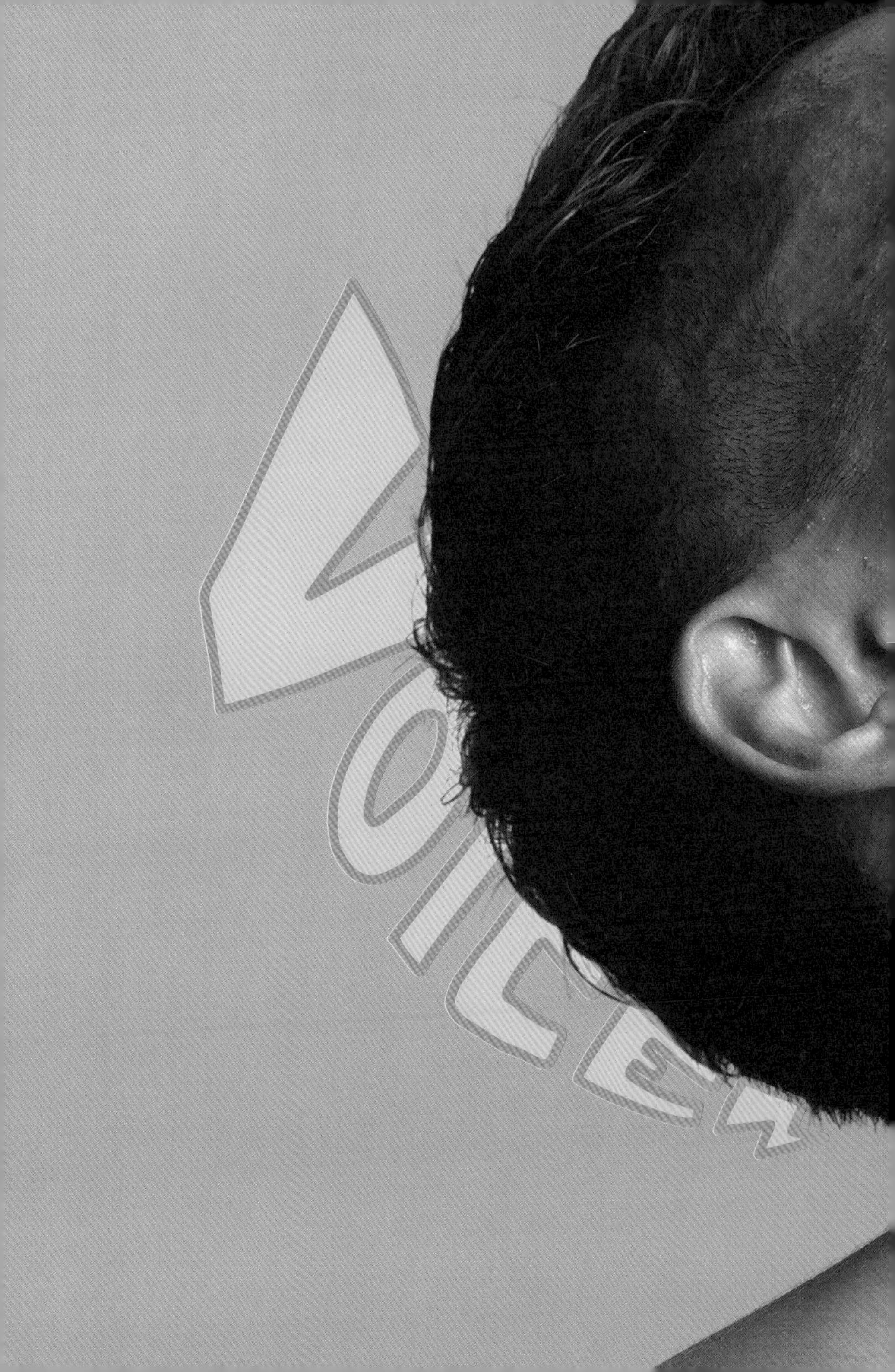
VOICE

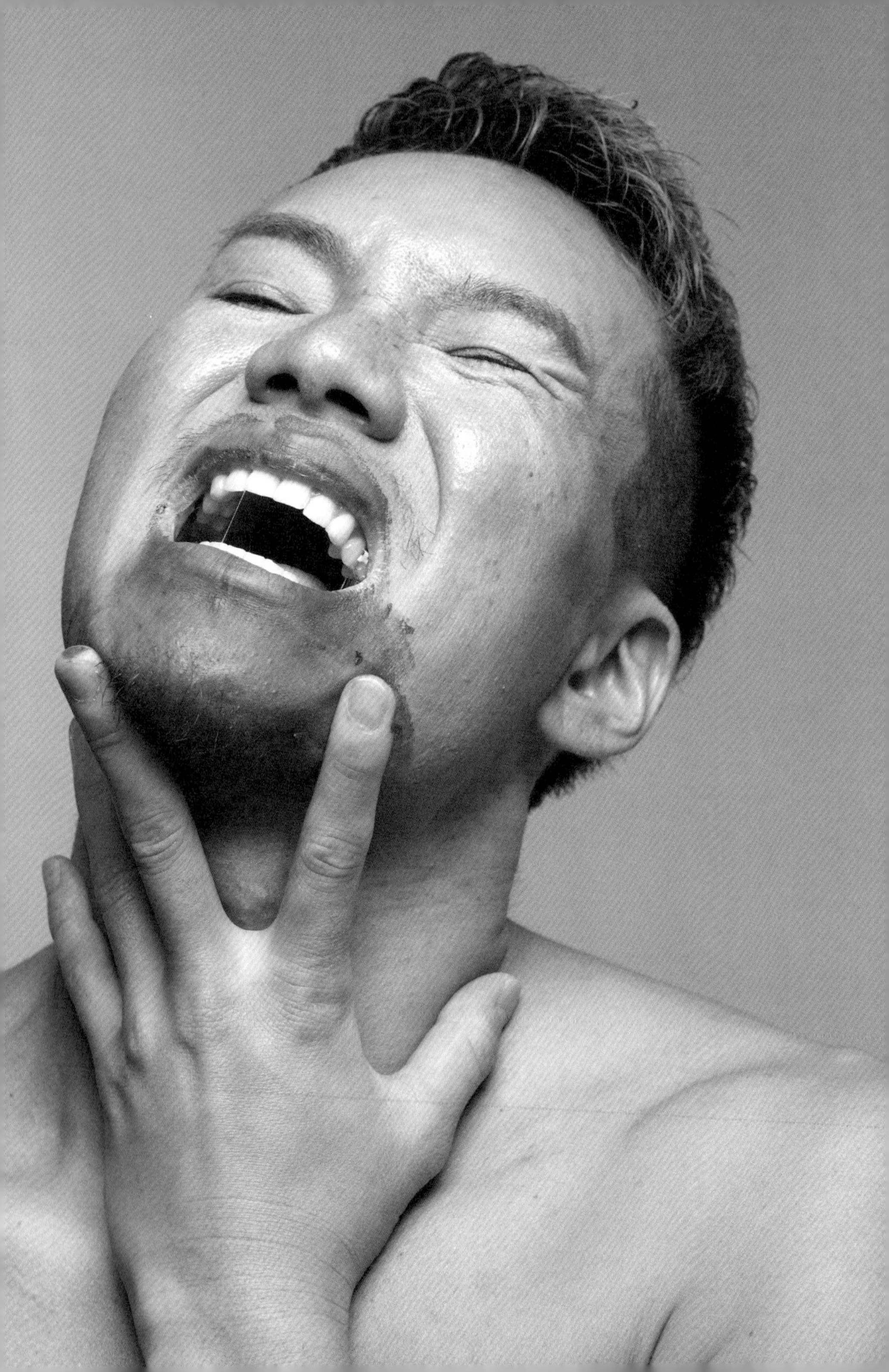

COMPLEX《コンプレックス》
07

YUSHI

年齢 : 34 歳
職業 : マッサージ店経営
出身地 : 静岡県
身長／体重 : 171cm ／ 65kg
趣味 : アウトドア , 海外旅行
憧れる人 : EXILE ATSUSHI

Q1.

トランスジェンダーであることを自覚した時
（性別違和を感じはじめた時）のエピソードを教えて。

3歳の七五三の時にスカートを履かされ、大泣きしながら写真を撮ったことを覚えています。
母曰く、そのスカートは撮影直後に脱いで直ぐにゴミに捨ててしまってたそうです。
一番苦しかったのは20歳過ぎの頃でした。
無性に女扱いされるのが嫌になったのと、部活でも女子の中にいるのが心苦しくなっていました。

Q2.

男性ホルモン投与、
手術はしていますか？

25歳　ホルモン投与開始

26歳　乳腺・子宮卵巣摘出
（性別適合手術）

— 幼少期

Q3.

カミングアウトに関するエピソードは
何かありますか？

私は家族には一生カミングアウトしないで生きていくつもりだったのですが、
以前付き合っていた彼女から「結婚したいので私の両親にカミングアウトをしてほしい」と頼まれた事がきっかけで、自分の母親にも打ち明けることにしました。
「実は、そうかも知れないな～と思ってた」と意外な言葉が返ってきて、もっと早くカミングアウトしておけばよかった！　と思いました（笑）。

— ホルモン投与前

Q4.
身体的なコンプレックスはどこですか？

自分の声です。
男性ホルモン注射を打つ前の地声はとても高くて、外食する時も声を発してオーダーするのが嫌で、いつも友人にお願いしていました。電車の中でも、周囲に女性らしい声とバレたくなかったので友人と話す時は極力低く小さな声で話すようにしていました。

Q5.
それがコンプレックスになった理由、きっかけは？

ホルモン投与をはじめる前から、見た目は有り難いことに男性にしか見えなかったんです。
ですが、声を発すると「YUSHIって女の子みたいな声だね」とよく言われました。
そう言われてきたことで、いつしか自分のコンプレックスになっていました。
ホルモン投与をはじめた今でも「意外に声高いんだね！」って言われることもあります（笑）。

Q6.
コンプレックスを乗り越えるためにどんなことをしてきましたか？

男性ホルモン注射を打っていることで以前よりは低くなったので、電話口でも女性には間違えられなくはなりました。今は声の高さに執着するのではなくて、素敵な声になりたいなと思えるようになりました。そのためにボイストレーニングにも通っていたこともあります。
声帯を鍛えたり、声の出し方など先生にトレーニングしていただいたことで、
カラオケでの音域は広がりました。

Q7.
現在はコンプレックスをどのように捉えていますか？

誰にもカミングアウトできず一人で苦しんでいた頃、就活のために電話で「面接をお願いします」って頼んでもホルモン注射を打つ前でしたのですぐに女だとバレてしまい、
「女の人は募集してません。男性だけ募集しています」とたくさん断られました。
そんなとても悔しい思いをした経験があったおかげで、それが度胸へと変わり成長できました。
今、海外に住めているのもそのおかげです。

Q8.

他にもコンプレックスがあれば教えてください。

男性ホルモンの影響で肌が荒れていることです。
ホルモンをはじめて1〜2年目は本当に酷くて、
枕に血がつくほど荒れていました。
そのせいで、人と至近距離で話すことや外出することも
極力避けるようにしてました。
今でもスキンケアや健康食品なども良いというやつはと
ことん試しています。
肌が変われば人生変わるなって今でも思っています。

Q8.

今まで交際してきた中で、自分がFTMであることを相手はどのように受け止めていましたか？また、交際している間、FTMだから気を使ったことは何ですか？

有り難いことに今まで交際した人たちは、男だからとか女だからとかよりも
私の人柄を見てくれていました。特別に何かを受け入れるというよりかは、
いつも自分らしく心から楽しく生きていることがきっと相手にも伝わっていたんだと思います。
現在の彼女のご両親にはカミングアウトしているのですが、
「そんなの全く関係ないよ。自分らしく生きててカッコいいよ。
うちの娘と付き合ってくれて本当にありがとうございます」と言ってくれました。

Q10.

本書を通して届けていきたいメッセージ
──コンプレックスとは？

コロナ禍の中にも関わらず、
本書の様な前向きな企画を立ち上げてくれた皆様にまず感謝の気持でいっぱいです。
そして、全国にまだまだ素敵なFTMの方がいる中で、今回私を推薦して頂けたことに大変
嬉しく感じております。実をいいますと、この企画は引き受けるか直前まで悩みました。
ですが、熱い思いに共感でき「自分でも誰かの悩みを救える事があるかもしれない」
そんな思いで引き受けさせて頂きました。

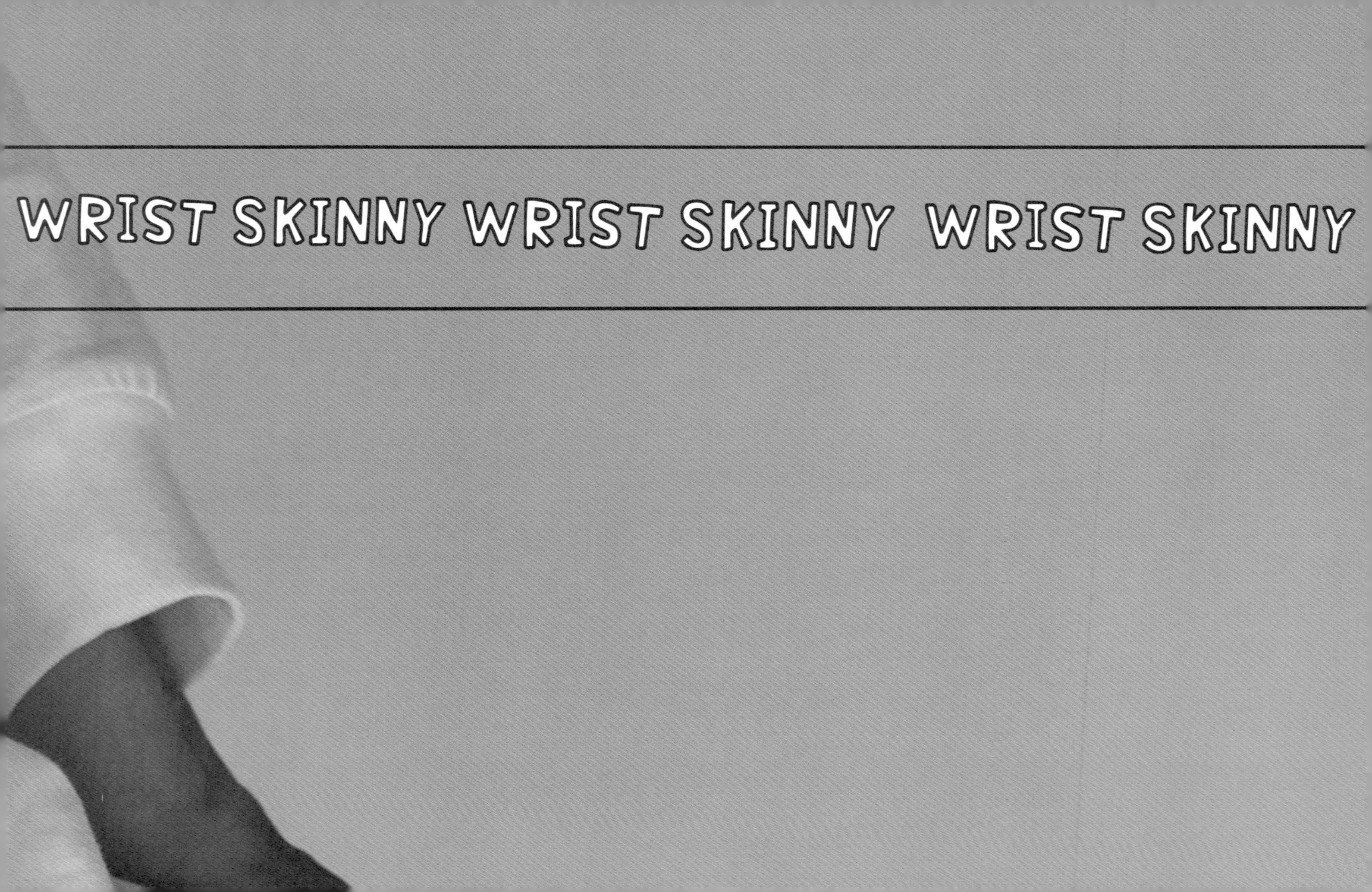
WRIST SKINNY WRIST SKINNY WRIST SKINNY

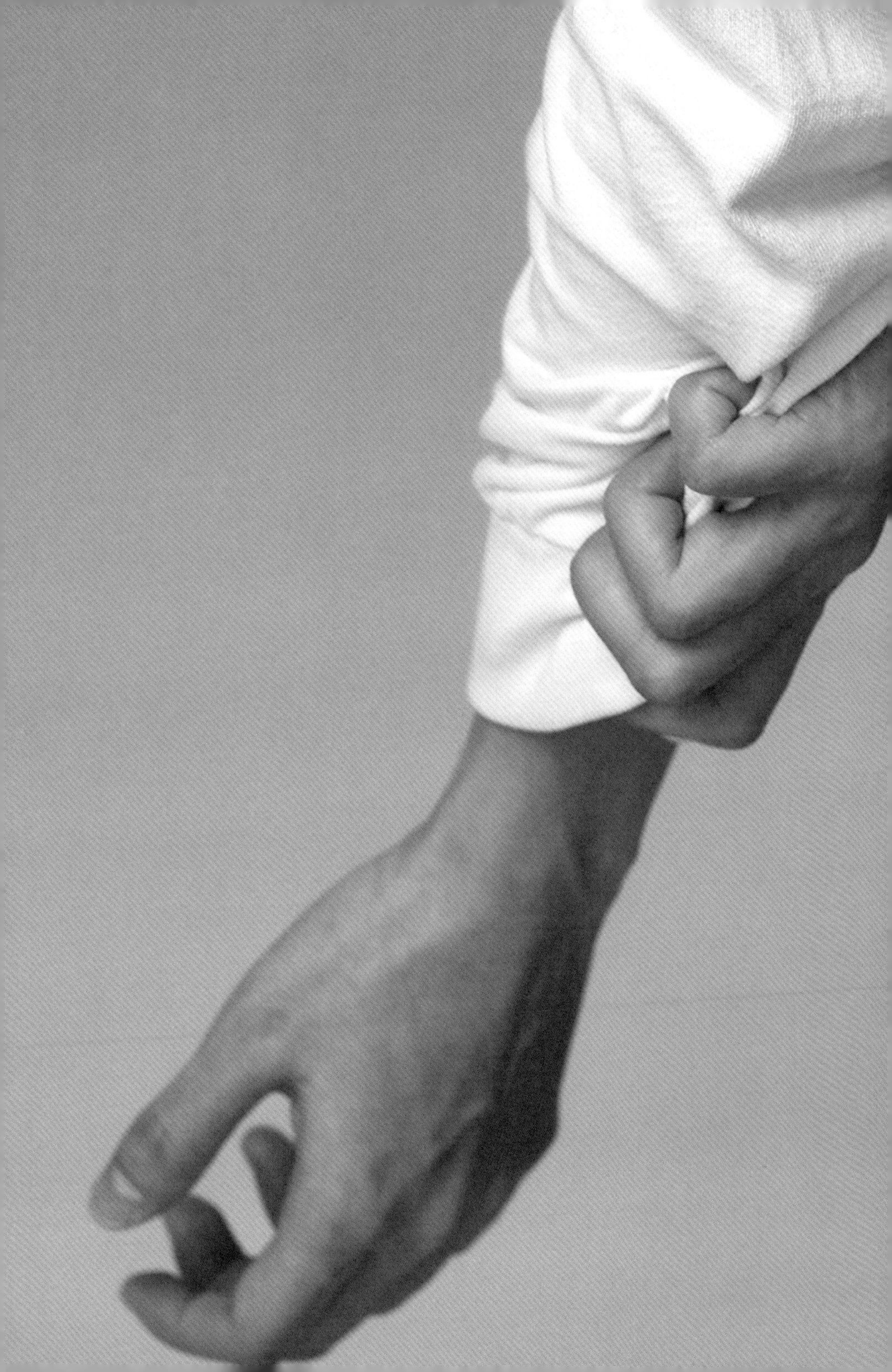

COMPLEX《コンプレックス》 08

MASAKI

年齢：36歳
職業：BAR経営
出身地：東京都
身長／体重：169cm ／ 49kg
趣味：素敵な曲探し
憧れる人：音楽を作れて歌が上手い人

Q1.
トランスジェンダーであることを自覚した時（性別違和を感じはじめた時）のエピソードを教えて。

小学校低学年の時から女の子の物を与えられることが嫌で、生理も自分には来ないものだと思ってましたし、ずっと性別違和を感じてました。また、女性のことが気になってしまう自分を男性と付き合ってみれば治るのではと思い、高校1年生の時に男性の先輩と3ヶ月くらい交際してみたのですが「あ、自分は先輩側（男性側）になりたい」って思ったんですよね。ただ、男性器が生えてくると思ったことは一度もなかったです（笑）。

—幼少期

Q2.
男性ホルモン投与、手術はしていますか？

21歳　ホルモン投与開始
22歳　乳腺摘出
26歳　子宮卵巣摘出（性別適合手術）

—ホルモン投与前

Q3.
カミングアウトに関するエピソードは何かありますか？

最初は地元の幼馴染達にカミングアウトしました。わりとすんなり受け入れてくれました。そこから家族にも徐々に打ち明けていくのですが、母親は受け入れてくれるまでに10年位かかりました。
時代もあったのかもですが長かった。こういう人生を選んだけど、彼女ができたとか友達と毎日楽しくやっているとか、自分は幸せに暮らしているということをアピールをしまくったことで、少しずつ受け入れてくれるようになりました。

Q4.

身体的なコンプレックスはどこですか？

中性的な顔つきもそうですが、
華奢な体型で腕や手首が細いことがコンプレックスでした。
男性のゴツゴツした感じはない女性らしい細さが本当に嫌で、男性の腕を見てると
明らかに自分の腕の細さと差があり、比べるたびに落ち込んでました。

20代前半までは腕や手首を隠すために長袖ばかり着てい
て、腕まくりすることもできずにいました。
体型で女子とバレることが怖かった。
今は服に関してはあまり気にしなくなりましたが、
やはり細いこと自体はコンプレックスです。

Q5.

コンプレックスを乗り越えるために
どんなことをしてきましたか？

筋トレなどはしませんでした。
自分自身と向き合い時間をかけて受け入れていきました。
そして別のことでカバーすればいいんだと思うようになりました。
人の魅力とは見た目も大事ですけど、一番大事なのは中身だと思ってます（笑）。

Q6.

現在はコンプレックスをどのように捉えていますか？

細いなーとは思いますが、もう隠すことはしなくなりました。

Q7.

他にもコンプレックスがあれば教えてください。

口元がすごいコンプレックス。
だから写真を撮る時は、笑顔で撮った写真があまりありません。
笑顔が素敵な人に憧れます！

Q8.

今まで交際してきた中で、自分がFTMであることを相手はどのように受け止めていましたか？また、交際している間、FTMだから気を使ったことは何ですか？

６年目になる配偶者がいます。
配偶者とは新宿二丁目で知り合い、出会って２ヶ月ほどで結婚。
スピード婚でしたが、
最初からFTMということも伝えていたので理解はしてもらってました。

Q9.

女性として生まれた自分が「父親」になった、今の想いを教えてください。

将来結婚して子どもを授かるなんて想像もしていませんでした。
それが今現実となって、とても幸せではありますが……
毎日子育てに苦戦してます(笑)。
でも、こうやって子どもたちに試練を与えられ、父親にさせてもらえてるんだなと感じてます。
子どもがふとした時に「僕たちワンチームでしょ！」って言ってくれた時は、
涙が出そうなくらい嬉しくて、
父親としてこの子達を命掛けで守らなければと思っています。

Q10.

本書を通して届けていきたいメッセージ
──コンプレックスとは？

お話をいただいた時は嬉しい反面、
自分がこのようなかっこいい企画に参加させてもらっていいのかな……と不安でした。
コンプレックスを曝け出すことは恥ずかしかったですけど、
こんな自分でも参加することで誰かの何か良いきっかけになれればいいな、
という思いで頑張ってひと肌脱ぐではなく、ほんとに脱ぎました（笑）。
いろんな視点から何か感じてもらえたら嬉しいです。

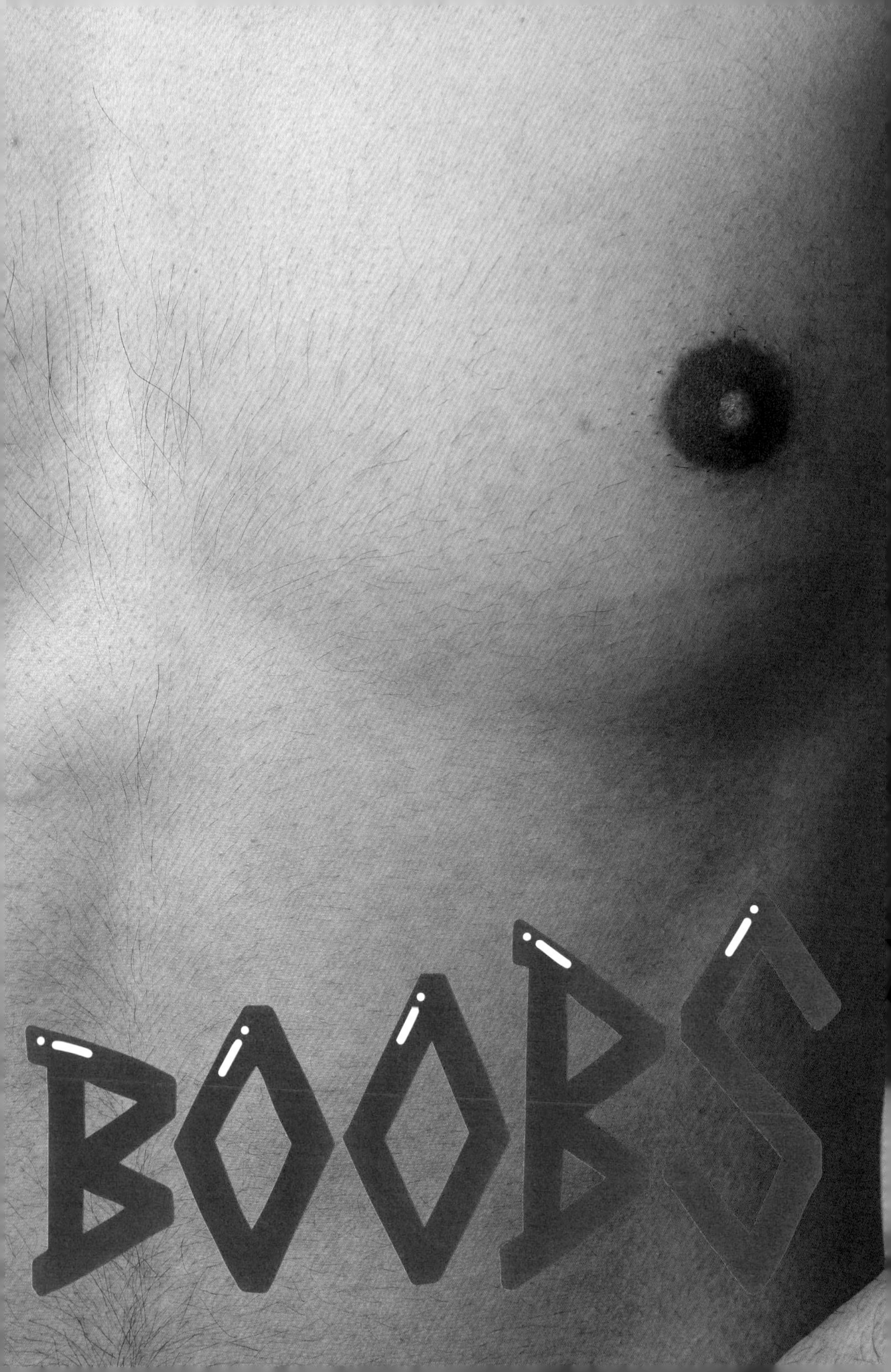
BOOBS

love has no gender
LIBERTY

COMPLEX《コンプレックス》
09

KILA

年齢：23歳
職業：KILA
出身地：千葉県
身長／体重：158cm ／ 54kg
趣味：タトゥー，お絵描き
憧れる人：いない

Q1.

トランスジェンダーであることを自覚した時（性別違和を感じはじめた時）のエピソードを教えて。

保育園の頃から、男女で分けられていることに違和感を感じていました。
男の子に混ざって立ションの練習したり、少し馬鹿にされた時は「大きくなったらキラにもちんちん生えるよ！」って大声で言い返したりしてました(笑)。
大人たちが僕を女の子扱いしてくることが嫌で悔しくて、自分は違うぞってやんちゃするのに必死でした。

— 幼少期

Q2.

男性ホルモン投与、手術はしていますか？

18歳：ホルモン投与開始

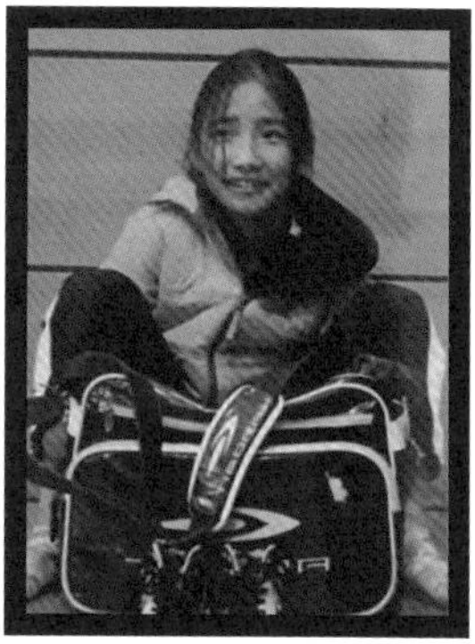

— ホルモン投与前

Q3.

自分の性的指向を自覚した時のエピソードを教えて。

19歳頃まで女の子と付き合ったり関係を持ったりしていて、自分の性自認が男性的だから、
それが100%当たり前だと思ってました。
でもある時、「“固定概念なんてクソくらえ”と思ってる自分がなんで100%当たり前!?」
——自分はなんてつまらん人間なんだと思ったのです。

そうしたら急に世界の見え方が変わりました。
ゲイの方と話したり関係を持つようになって、すごく自分にしっくりきたんです。
今では99%性的指向は男性です（残りの1%は決めつけない心で）

Q4.
身体的なコンプレックスはどこですか？

正直、コンプレックスを言い出したらキリがない。
撮影していただいた身体の部位は表面上のほんの一部で、
もしかしたら、僕は自分のすべてがコンプレックスなのかもしれない。

Q5.
それがコンプレックスになった理由、きっかけは？

人はみんな多種多様なのに、
自分を他人と比べてたんでしょうね。

Q6.
コンプレックスを乗り越えるために どんなことをしてきましたか？

乗り越えるって感覚はなく、共存している感じです。
僕は基本自分にあまちゃんなので、アメとムチ作戦。
アメは、まずは自分を理解して愛してあげる。一番の理解者になるイメージ。
それとは逆に、「できない事ばかり考えたり想像しても何も生まれないし、
今の自分にできることなんてたくさんあるんだから、
何かのせいにしたり言い訳並べてないで行動しろ！」って自分に対してムチ打ってますよ（笑）。

Q7.
現在はコンプレックスを どのように捉えていますか？

今となっては、輝くために必要不可欠な存在。
僕にはコンプレックスがあるから、個性を磨き続けたいって思えるなぁ。
今ではコンプレックスと共存し、
自分を愛し KILA として生まれたことに誇りを持っています。

Q8.

カミングアウトに関するエピソードは何かありますか？

カミングアウトらしいことはしたことないと思います。
小さい頃からスカートは嫌、女性らしい身体が嫌などと常に母や周囲の人に自己主張していたので、
勝手にホルモン注射を始めていたことに気づかれた時も
「ついにはじめたんだね」と理解してくれました。
母は人生の先輩として忠告はしても否定的なことは口にせず、
「自分の行動に責任を持って KILA らしく生きなさい」と育ててくれました。
そんな母に感謝と愛でいっぱいです。

Q9.

今まで交際してきた中で、自分が FTM であることを相手はどのように受け止めていましたか？また、交際している間、FTM だから気を使ったことは何ですか？

女性と男性、どちらと付き合っていた時も皆一様に、
僕が男とか女とか関係なくひとりの人間として見てくれていました。
「FTM だから受け入れなきゃいけない」とかではなく、
お互いの違いを受け入れ合うのと変わらない、
人間同士の付き合いだったように思います。

Q10.

本書を通して届けていきたいメッセージ—コンプレックスとは？

まずは読者の皆様へ、見ていただきありがとうございます。
そして、おもしろいプロジェクトを進めてくれたメンバーに感謝します。
この本がFTMの教科書なわけでもなく、何が正解というのもないと思う。
もはやLGBTQとか関係なく、人それぞれ違うから……。
これからも僕は人と違う部分や個性を大切にして、愛をもって生きていきます。
最後に思ったこと、やっぱ文章まとめたり文字書くの苦手。ばいばい！

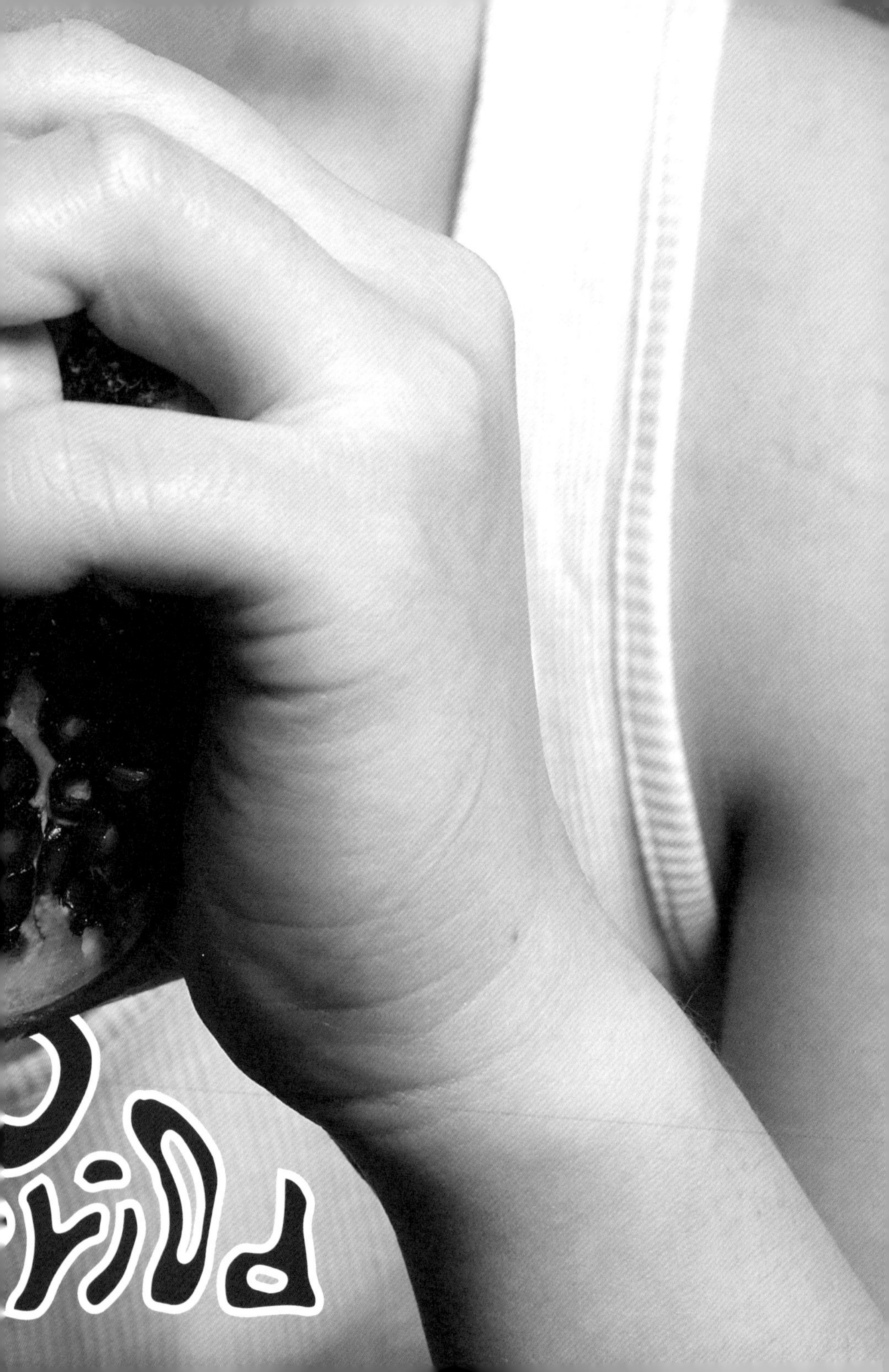

Perilla

COMPLEX《コンプレックス》
10

ゴーダ タカユキ

年齢：27 歳
職業：会社員
出身地：東京都
身長／体重：167cm ／ 59kg
趣味：ドライブ，ゴルフ，読書
憧れる人：さまぁ〜ず，ブラッド・ピット，藤森慎吾

Q1.

トランスジェンダーであることを自覚した時（性別違和を感じはじめた時）のエピソードを教えて。

幼稚園の頃に、「なぜ自分は男の子の列じゃなくて、女の子の列に並ぶのか」と疑問に思ったことや、好きな女の子がいるのに「好きな男の子はいるの？」と周りに訊かれて違和感を感じました。幼いながらに「自分が男の子であること、女の子を好きなことは言ってはいけないんだな」と思いました。

―幼少期

Q2.

男性ホルモン投与、手術はしていますか？

投与なし

25歳　乳腺摘出

―学生時代

Q3.

カミングアウトに関するエピソードは何かありますか？

同じ大学に通う女の子を好きになり、告白と同時にカミングアウトしました。その子は少し戸惑ったことなども含め、素直な気持ちを伝えてくれました。その子の温かい反応に安心して、その後は徐々に家族や友人にカミングアウトすることができました。なので、後輩からカミングアウトの相談を受けた時は、「最初のうちは、この人なら大丈夫だと思う人にだけカミングアウトした方がいい。そうすると自分に自信がついて、その先はどんな反応も怖くなくなるから」と伝えています。

Q4.
身体的なコンプレックスはどこですか？

男性ホルモン投与をしていないので、生理がくることがコンプレックスです。
生理痛が辛いです。
ナプキンを買うのにも変な風に見られているのではないかと人目を気にしていました。
自分の中でまだトランスジェンダーであることを引目に感じていたのだと思います。
だけど、現在の彼女に「戸籍上の性別や結婚のために健康な体を傷つけないでください」と言ってもらえたので、
今後もホルモン投与や性別適合手術を受けないつもりです。

Q5.
コンプレックスを乗り越えるためにどんなことをしてきましたか？

カミングアウトを通してFTMである自分に自信がついたことで、どんなこともコンプレックスに感じなくなりました。
また、現在の彼女が自分に生理がくることを全く嫌がらないでいてくれることも自信に繋がりました。

Q6.
現在はコンプレックスをどのように捉えていますか？

現在は、生理がくることを引目に感じていません。
しいて言えば、生理痛が重いので身体的には辛いですが、精神的な苦痛はありません。

Q7.
他にもコンプレックスがあれば教えてください。

小指が短いこと。
小学生の頃、友達に笑われて気がついて、形成外科で診てもらったりもしましたが、大人になっても治らないことが判明しました。
恋人は「短い小指もかわいいよ」と言ってくれますが、以前友人など複数の方から言われた「気持ち悪い」が心に残っているような気がします。
日常生活で「右手出して」と言われるのは未だに少し苦手です。

llaway

Q8.

今まで交際してきた中で、
自分がFTMであることを
相手はどのように受け止めていましたか？
また、交際している間、FTMだから気を使ったことは何ですか？

彼女は僕に生理がくることも嫌な顔しませんし、

僕がFTMであっても日常生活でとくに不便なことはないと思ってくれているようです。

「素敵な個性で、可愛いなと思う」と言ってくれています。

Q9.

性に悩んでいた過去の自分へ
メッセージをお願いします

どちらの性別で就職活動しようか迷い、

就職活動を一年遅らせる挫折もあるけれど、

5年後には多くの人に勇気を与える『PANTENE』のCMに出させてもらう

こととなり、日本中のテレビや多くの人のスマホで放映されています。

今が辛くても頑張ってください。

そう遠くないうちに、あなたは誰かに勇気を与える。

Q10.

本書を通して届けていきたいメッセージ
──コンプレックスとは？

初めて自分が性同一性障害だと知った幼い頃、

「気持ち悪いと思われるかもしれない、これは一生誰にも言わない方がいいな」と思いましたが、

今ではもうカミングアウトが不要ほどに私生活でも職場でもオープンに過ごし、

自分の大好きな個性のひとつです。

コンプレックスとは最初こそ嫌で嫌で目を背けたくもなりますが、

応援してくる人や愛してくれる人に出会い、自分に自信がついた時点で気にならなくなります。

僕は生まれ変わっても、もう一度FTMに生まれたいです。

no.////'S TALK ～【Complex】制作秘話を語る～

♣♦♥♠ no.//// 結集

♣KILA／僕はフミとは仲良かったけど、僕もフミもSHOICHIくんとはこの企画で初めて会ったんだよね。

♦SHOICHI／佑真くんが繋げてくれたんだよ。

♥佑真／そう、僕が大好きな人を集めたって感じ。
　そもそもこの本の企画自体を思いついたのは、コロナ禍でイベント事もなく、性の在り方に悩む人たちが、少しでも悩みを解消するための沢山のきっかけが奪われてしまって、何か新しい形で「ＦＴＭの経験や生き方」を届けられないかとずっと考えていた時に、ある友人から「ＦＴＭってアート系が合うんじゃない？」って意見をもらって、それってめちゃめちゃ面白いなって思ったのがはじまりなんだよね。ＦＴＭの身体って、男でもあり女でもあり、男でもなく女でもない……手術跡だって、その人の生きた証で、その人にしかない魅力だなって。だから、そこに着目した作品を作りたいって思った時に、真っ先にフミに写真を撮ってもらいたいって思ったんだよね。

♠Fumika／佑真くんとは新宿二丁目のFTM BOIS BARで知り合ってはいたからね。カメラマンとして声かけてもらった時は嬉しかった。自分のカメラを使ってＦＴＭの人たちと何かやりたいとか世に出してあげたいっていう思いはずっとあったから。

♥佑真／あと、SHOICHIくんにはヘアメイクで人ってこんなに前向きに変われるんだって教えてもらえてたし、KILAのアート精神も前から素敵だなと思っていたから、イラストやポージングなどの面で協力して欲しくて、今回ぜひに！　って声がけさせてもらった。

◆SHOICHI／僕も常々、トランス男性にメディアへ出ていってもらいたいなと思っていたから、佑真くんから話をもらった時に共感できたし、美容に関することなら自分の得意分野だから出来ると思った。あと、他のメンバーを聞いた時に、知ってる人たちや！　って嬉しかった。

♣KILA／声かけてもらって第一印象は単純に「面白そうだな」ってだけだった。

◆SHOICHI／本当にやるんかな？　って半信半疑なところも正直あった（笑）。

♣◆♥♠ＦＴＭのコンプレックスを活かした撮影とは？

♠Fumika／撮影していて一番難しかったのは、Chiyukiくん。撮る側としては、モデルを大きく見せたいとかカッコよく見せたいっていう思いがあるのが通常なんだけど、Chiyukiくんは他人より身長が低いっていうのがコンプレックスだから、いかにモデルを小さく撮るかっていうのがすごい難しくて。

♣KILA／ポージングでもそうだよね。大きく見せるポージングはあるけど、小さくっていうのは……。

◆SHOICHI／僕もＦＴＭにメイクをするってことが初めてだったから最初は困惑した。骨格など本人の素材がどこか女性的であるってことは触れた時に感じたし、それを僕は面白いなと思えたけど、本人がそれをコンプレックスに感じているのであれば、あえてそのまま出しちゃっていいものなのか、カバーした方がいいものなのか迷った。美容サロンでは、見た目のコンプレックスを隠すようにするのが当たり前だから。

♥佑真／アフターの写真撮影の時には、みんなメンズメイクの良さを実感していたんじゃないかな。こんなに変われるんだ！　って。

♣KILA／メイクだけじゃなくて、撮影中に「綺麗」とか「素敵」とか声をかけているだけでも、だんだんその人が入り込んでいって、表情が柔らかくなったりするんだよね。それが面白いなって思った。

♥佑真／あと、コンプレックスが声だというYUSHIくんも難しかったよね。写真にどうやって収めようかって。叫んでる姿の写真は、最初は叫んでるフリで撮っていたけど、フミが「普通は声出している時は喉仏が上にあがってるんじゃ」って指摘してくれて、みんな一緒に叫びながら撮ったよね（笑）。

♣KILA／Bobさんの撮影の時も歌ったり、踊ったりしながらだったね。

◆SHOICHI／MASAKIさんの時は小さな子どもたちも一緒だったから、「どっちが大きい声出せるかやろう!」って言って、叫びながら写真撮ったり（笑）。

♥佑真／諭吉さんの撮影では、フミの提案もあってブラジャーを着けて撮らせてもらうことになったものの、諭吉さんにそれをやってもらうことにドキドキしてた。

♠Fumika／あれは革命的だった。他のモデルさんはやっぱり男性的なポージングやビジュアルになってたけど、諭吉さんだけはまったく違ったし。

♥佑真／僕らもビックリしたよね。諭吉さんにしか出来ない撮影ができたなって思う。

♣KILA／みんなでディレクションしながらの撮影は毎回ヘトヘトになってたね。モデル1人につき800〜1000枚くらい写真を撮っていて、そこから掲載する写真をセレクトしていくんだけど、4人で意見が割れることってあまりなかったよね。

♥佑真／そうだね。しかも、モデル1人に必ず最高の1枚が見つかって、それがめちゃめちゃ嬉しかった。

♣◆♥♠自分たちも肉体をさらけ出した！

♣KILA／僕は自分の胸を公に出すのって初めてだったから、スタジオに入る時点では少し恥ずかしかった。けど、撮影がはじまっちゃえば「面白い」っていうのが勝っちゃって気にならなかったな。

♠Fumika／直に見れたのはレアだった（笑）。

◆SHOICHI／それこそ撮影中は「いいよ、いいよ」ってみんなが褒めてくれるから、だんだんその気になっちゃってた。ノリに乗ってきて最後はすごい体勢にさせられたから、身体吊りそうになったけど（笑）。

♣KILA／ワクワクしたし、楽しかったね。

◆SHOICHI／でも撮り終わって写真選んでいる時に、どこか自分のコンプレックスを隠したいっていう思いがあるから、あまりコンプレックスの部分が分かりづらい写真を選びがちだったんだけど、他のメンバーは僕のコンプレックスがめっちゃ見える写真を選んでて、そうか、制作側としてはこういう写真を選んでいかないといけないんだってハッとしたな。

♥佑真／僕は、身体をあまり絞ろうとしすぎないようにしようって決めてた。自分が過ごしたいように過ごした結果、出来上がった身体が普段の自分だし、それで撮りたいなって。

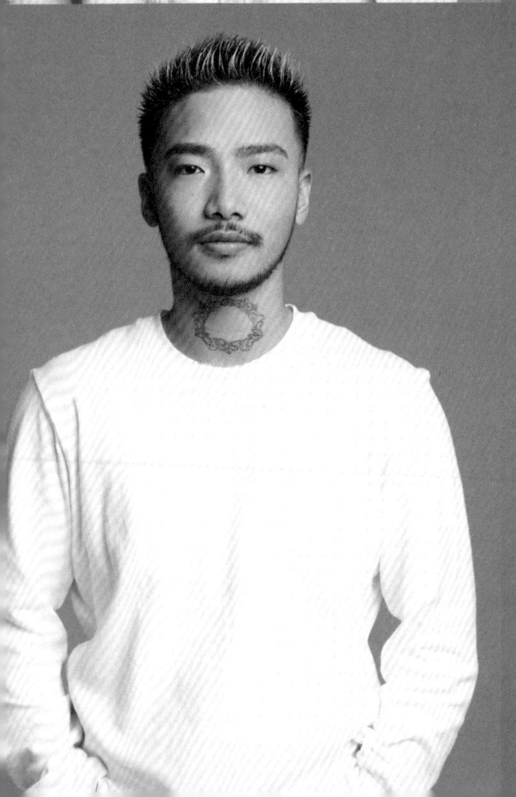

♣◆♥♠読者に届けたい想い

♥佑真／コロナ禍も手伝って、今は自己肯定感が低くなっている人たちが増えているんじゃないかと思う。そんな人たちに、自分の体験や想いを誰かに届けて応援したいと思いはするけど、なかなか直に届けにくい時期でもあって……。なので、こういう本という形にしたんだよね。様々な人が世の中にはいるんだということを写真やイラスト、文章から読者の方に感じ取ってもらえたら嬉しいな。

♠Fumika／自分も学生時代には身体にコンプレックスを抱えていた時期があって、上京する頃までにはある程度克服してはいたんだけど、新宿二丁目に行ってみたら、すごいキラキラしてるＦＴＭの人たちがめっちゃいて感銘を受けた。この人たちを撮って世に出してあげられたら、高校生の時の自分みたいに悩みを抱えてる人とか、ホルモン投与や手術をして男性として生きたい人たちに何か希望を届けられるんじゃないかって思っていたことがきっかけで、この本に関わることになった。

　撮りはじめたら思わぬ苦労もあったけど、「コンプレックスはみんなあるから大丈夫だよ」っていう励ましはもちろん、こんなカバーの仕方もあるんだって読者の人たちに知ってもらえたら。あと、高校生時代の自分にも、こんな素敵な人たちがいるんだって見せてあげたいね。

◆SHOICHI／この本に関わって、「コンプレックスってさらけ出してもカッコいいんや」って思えたし、メイクでＦＴＭもこんなにカッコよく出来るっていう新しい楽しみも見つけられた。だから、読者の人たちにも、キラキラして見えてた人たちにもこんなコンプレックスがあったんやとか、でも見せ方でこんなにカッコよくなれるんやって前向きに感じとってほしいなって思う。

♣KILA／自分自身がコンプレックスの塊でもあるんだけど、だからこそ自分はキラキラいられると思ってる。なので、読者にもプラスに読み取ってもらいたいです。

Cast	YOSHIYUKI SHOICHI Bob 諭吉 佑真 Chiyuki YUSHI MASAKI KILA ゴーダ タカユキ
Producer	若林 佑真
Photographer	Fumika Ishigaki
Photographer Assistant	sayaka hashimoto
Hair & Make-up	SHOICHI
Illustration	KILA
Writer & Editor	アロム
Designer	村上ひろし（newTOKYO）
Making video	Kasho Iizuka 加藤 拓人 山﨑みを
Making Director	Kasho Iizuka
Making Editor	阿部誠
Printing Director	藤原印刷株式会社
Sponsorship	杉山 文野
Special Thanks	イノマタ アヤミ、卯ノ原 圭吾、小川 富行、ガク カワサキ 株式会社G-pit、駒村家の皆様、齋藤 ヒロスミ、田中 爽一郎、 田辺 未佳、humi hosokawa、Miho、吉本興業（株）

COMPLEX
2021年8月4日 第1刷発行

著　者　no.////（ナンバーフォー）
発行者　若林佑真

発行所　株式会社amateras／newTOKYO編集部
〒160-0022 東京都新宿区新宿1 15-4 RIMBA新宿御苑前6F
電　話　03-6274-8136
印刷・製本所　藤原印刷株式会社

公式インスタグラム　Instagram@no.4_complex